ÉTUDES DE PHILOSOPHIE NATURELLE
N° 10

CLASSIFICATION RAISONNÉE

DES

SCIENCES NATURELLES

PAR

J.-ÉMILE FILACHOU

Docteur ès-Lettres.

Qui non colligit mecum, dispergit.
Luc XI, 23.

MONTPELLIER
TYPOGRAPHIE ET LITHOGRAPHIE DE BOEHM ET FILS
PLACE DE L'OBSERVATOIRE.
1874

En Vente chez SEGUIN, Libraire

rue Argenterie, 25, à Montpellier

OUVRAGES DU MÊME AUTEUR

Examen de la rationalité de la Doctrine Catholique. 1 vol. in-8°. 1849.

La clef de la Philosophie ou la vérité sur l'Être et le Devenir. 1 vol. in-8°. 1851.

Traité des Facultés. 1 vol. in-8°. 1859.

De Categoriis. Dissertatio philosophica. 1 vol. in-8°. 1859.

Principes fondamentaux de Philosophie mathématique. 1 vol. in-8°. 1860.

De la pluralité des mondes. 1 vol. in-12. 1861.

Traité des Actes, Sommaire de Métaphysique. 1 vol. in-12. 1862.

ÉTUDES DE PHILOSOPHIE NATURELLE.

N° 1. Système des trois règnes de la nature. 1 vol. in-12. 1864.

N° 2. Réponse directe à M. Renan, ou démonstration philosophique de l'incarnation. 1 vol. in-12. 1864.

N° 3. De l'expérience de Monge au double point de vue expérimental et rationnel. 1 vol. in-12. 1869 (8° édition).

N° 4. De l'ordre et du mode de décomposition de la lumière par les prismes. 1 vol. in-12. 1870.

N° 5. De l'ordre et du mode de décomposition de la lumière par les prismes ; Nouvelles preuves à l'appui. 1 vol. in-12. 1872.

N° 6. Sens et rationalité du dogme eucharistique. 1 vol. in-12. 1872.

N° 7. Démonstration psychologique et expérimentale de l'existence de Dieu. 1 vol. in-12. 1873.

N° 8. De l'ordre et du mode de décomposition de la lumière par les bords minces. 1 vol. in-12.

N° 9. Le système du monde en quatre mots. 1 vol. in-12.

Montpellier. — Typogr. BOEHM et FILS.

ÉTUDES DE PHILOSOPHIE NATURELLE

N° 10

CLASSIFICATION RAISONNÉE

DES

SCIENCES NATURELLES

POUR PARAITRE PROCHAINEMENT:

2ᵉ Série : Nº 1. **La Mécanique de l'esprit** conforme aux principes de la classification rationnelle. 1 vol. in-12.

— Nº 2. **Organisation et unification des sciences naturelles.** 1 vol. in-12.

ÉTUDES DE PHILOSOPHIE NATURELLE
N° 10

CLASSIFICATION RAISONNÉE

DES

SCIENCES NATURELLES

PAR

J.-ÉMILE FILACHOU

Docteur ès-Lettres.

Qui non colligit mecum, dispergit.
Luc XI, 23.

MONTPELLIER
TYPOGRAPHIE ET LITHOGRAPHIE DE BOEHM ET FILS
PLACE DE L'OBSERVATOIRE.
1874

AVANT-PROPOS

Croyant avoir assez largement, au terme de cet écrit, soit étendu, soit établi le champ de nos recherches, et n'avoir plus en conséquence à nous occuper que de questions d'organisation ou de détail, nous nous permettrons, si on le veut bien, de jeter un rapide coup d'œil en arrière, et de dire en quelques mots notre point de départ, la route suivie, le terme atteint. Nous sommes parti de la Morale de Herbart, qui est un chef-d'œuvre de profondeur et de clarté ; nous avons ensuite côtoyé, sans pourtant nous trop engager jamais dans leurs anses ou replis peu sûrs, les vastes contours de sa Métaphysique ou de sa Psychologie, deux belles œuvres d'imagination et de sagacité, sinon d'exactitude ; et, bien conscient alors de leur insuffisance principalement occasionnée par l'exclusif emploi du mouvement *hyperbolique*, nous avons adjoint à ce mouvement général, non précisément à titre de simples auxiliaires, mais plutôt à titre de supérieurs et précurseurs, les deux mouvements aussi généraux *oscillatoire* et *circulaire*, dont les applications sont infiniment plus vastes et plus variables ; enfin, une fois muni de ces trois mouvements fondamentaux, nous avons formulé notre système définitif de classification universelle aboutissant aux quatre mouvements spéciaux ou spécialisés, *circulaire*, *elliptique*, *parabolique* et *hyperbolique* ; là, les deux mouvements intermédiaires (elliptique et parabolique) provenant de la fusion des deux mouvements généraux oscillatoire et circulaire. Si, maintenant, le lecteur veut remonter au même principe et refaire le même chemin, il peut le tenter avec moins de dangers et plus de profit, ayant devant les yeux, non-seulement l'exemple donné, mais encore, au cas où nous aurions réussi, le flambeau de la vérité, dont les vives lueurs, en éclairant les choses du temps présent, n'éclairent pas moins utilement les éternelles.

Cacsagnoles, ce 25 juin 1873.

CLASSIFICATION RAISONNÉE

DES

SCIENCES NATURELLES.

1. Voyant, d'une part, les naturalistes constamment obligés de recourir, pour classer tous les êtres connus ou connaissables, à des méthodes artificielles plus ou moins arbitraires pour la forme sinon pour le fond, et d'autre part, la logique qui semblerait devoir présider à ce travail de classement, totalement dépourvue des principes *à priori* propres à cette fin, on a conclu de là que, si cette science peut offrir quelque utilité, comme arme défensive, pour reconnaître l'erreur et s'en prémunir, elle n'en offre aucune, en sens contraire, pour reculer les limites de la science et découvrir ou démontrer les vérités.

Cette manière de voir n'est point assurément dénuée de vraisemblance ; mais pourtant elle conclut trop vite, à notre avis, d'un insuccès réel à l'impossibilité de succès en tout état de cause. Car la logique n'est qu'un *moyen* de classement; et peut-être, mieux maniée, serait-elle en état de nous rendre un jour les services qu'elle a paru nous refuser jusqu'à cette heure.

Est-ce de nous-mêmes ou de dehors que nous vient la science ?... Nous la tirons de notre propre fonds, et le dehors ne nous en fournit que l'objet et l'occasion. Il est aisé de s'en convaincre. Du dehors, nous recevons la connaissance des faits tels que l'expérience nous les offre, *groupés* et *successifs* ; mais s'agit-il ensuite de les comparer, de les combiner, de les analyser et d'en comprendre les *ressorts* ou d'en pénétrer l'*enchaînement*, toutes choses auprès desquelles le donné n'est qu'un inerte matériel élaboré par la raison humaine, on comprend aussitôt que, puisque la connaissance scientifique ne se forme qu'au moyen de l'*actif* ajouté par nous au *passif*, elle est vraiment notre création, et non une importation du monde externe.

Sans doute, l'apparition de la nature objective est une présupposition obligée du savoir ; mais, comme cette apparition est tout d'abord indistincte ou confuse pour nous, tout en avouant qu'elle est *apte* à provoquer inégalement notre attention vers certains côtés de préférence à d'autres, nous pouvons et devons admettre inversement que, sans l'active et libre direction de notre *attention* vers ces mêmes côtés, nous serions éternellement restés comme les animaux, sans conscience ou sans idée distincte des causes provocatrices. A plus forte raison, sans activité propre, n'eussions-nous jamais pu faire la découverte de la distinction entre les causes spontanées et les causes fatales, ni reconnaître surtout qu'il est en notre puissance, en observant l'ordre des événements, de suppléer ces dernières et, par le moyen de la science acquise, de nous faire de la nature elle-même une arme pour la dominer.

Et n'importe encore que, dans notre bas-âge, nous ayons reçu, par tradition de nos parents ou de la société, la plupart des notions que nous élaborons ensuite par nous-mêmes : ces mêmes notions, dès-lors que nous avons dû nous en emparer pour nous les rendre propres, ont changé promptement, sous notre manipulation, de caractère, comme en changent les aliments une fois ingérés dans notre estomac, qui s'y convertissent en chyle. Notre mémoire est un réservoir comparable au premier estomac des ruminants, où les traditions font halte avant de se transformer en notions personnelles; et cette transformation ne s'opérant jamais sans aperception, examen et jugement préalables, il s'ensuit que, en acquisition, étendue, certitude ou variété de savoir, nous tirons, à l'objectivité près, tout de nous, et ne sommes reliés au dehors que par le principe (encore subjectif en luimême) de causalité, qui nous force à reporter au dehors l'origine de tout ce dont, au témoignage de notre conscience, l'initiative ne nous appartient pas.

2. Résumant ce qui précède, nous dirons : les faits nous sont donnés du dehors, mais l'interprétation vient du dedans. Or, l'interprétation constitue la science proprement dite. Donc la science est chose toute subjective en soi.

Dès-lors, à quoi sommes-nous comparables ? Nous sommes, dans l'ordre intellectuel, comparables à nous-mêmes dans l'ordre physique. Comme on ne l'ignore pas, l'homme doué des yeux les plus perçants ne jouit pas, même en plein jour, d'une vue sans limites, mais il est comme environné d'une atmosphère de lumière finie qui, tout en ne lui laissant jamais ignorer la nature ou la situation des lieux ou des objets voisins, ne lui montre rien en dehors des bornes étroites de l'horizon où il est renfermé : seulement, s'il se meut, il emporte avec lui cette atmosphère éclairante, et jamais il n'est en peine de sa voie, parce que, à même distance, il voit toujours avec la même clarté ce qui l'entoure. Circonvenu de même intellectuellement d'une lumière intérieure d'autant plus inadmissible qu'elle est plus inapprise, l'homme qui en jouit avec mesure ne peut déjà par là-même se flatter de savoir tout ; mais il est au moins assez éclairé pour pouvoir juger de tout ce qui le touche et l'intéresse de près, ou bien, en présence de difficultés non résolues, s'abstenir prudemment de juger jusqu'à plus mûr examen et plus ample instruction. Ainsi, nous ne sommes jamais, à proprement parler, *table rase* ; car, alors même qu'il serait vrai de dire (comme nous le croyons) qu'il n'y a point d'idée que nous ne puissions oublier, il ne s'ensuivrait point que nous puissions jamais exister sans idée d'aucune sorte. Souvent, oublier une chose, c'est simplement la confier à la mémoire : on se souvient donc alors et l'on oublie tout à la fois !... Les adversaires des idées innées feraient bien de s'occuper de ce problème que nous leur donnons à résoudre ; mais faisons mieux, et résolvons-le pour eux. Une idée qu'on oublie peut ne cesser d'être *actuelle* que comme échappant de fait à l'attention distincte ; car elle peut être encore un objet *habituel* d'attention. Un algébriste, par exemple, qui s'occupe de rechercher les membres ou les termes d'une équation à formuler, n'a point constamment, dans cette recherche, présente à son esprit l'idée même d'équation, ainsi qu'une foule d'autres idées requises à cette fin, comme celles de quantité, de rapport, etc.; mais il reste plus ou moins longtemps absorbé dans la consi- dération des circonstances caractéristiques de la courbe ou du mouvement à représenter. Alors, sans songer précisément ou de près à toutes les choses qui le préoccupent moins, il s'en inspire seulement de loin, en même temps qu'il leur rapporte ou subordonne celles sur lesquelles il apparaît concentrer davantage son attention ; et par conséquent une notion *actuelle* n'est souvent qu'une notion plus distincte, comme une notion *habituelle* est une notion qu'on a simplement cessé de regarder en face pour en mieux considérer d'autres inobservables autrement. Qu'il existe maintenant de semblables notions fondamentales, essentielles et même nécessaires, dont on ne laisse pas de faire abstraction pour s'occuper de superficielles et de moindres, comment le nier en présence des *conditions* [1] intrinsèques de tout exercice intellectuel, telles que les idées d'*action* et de *passion*, de *sensation* et de

---

[1] Les philosophes que nous avons en ce moment en vue ne veulent voir dans ces *conditions* que des lois *formelles*, *abstraites*, *imaginaires* (voyez Drobisch, *Logik*, § 132), et c'est là ce qui les trompe. De vraies *lois* intellectuelles sont des *rapports nécessaires et réels*, et par suite de vraies notions au moins implicites, habituelles.

représentation, de *convenance* et de *disconvenance*, etc., etc., qu'on peut bien dire oubliées quelquefois, mais ignorées jamais? Il y a donc des idées *habituelles* et par conséquent au moins sourdement *actuelles*, quand d'autres plus vivement *actuelles*, mais intimement associées à celles-là, semblent seulement intervenir pour apparaître à leur faveur, et les rendre momentanément moins distinctes, à peu près comme, à la vue d'un essaim de moucherons qui tourbillonnent dans l'air, on oublie volontiers, pour en mieux suivre les jeux amusants, de songer à la brillante lumière dans laquelle ils s'ébattent. S'imaginer avoir des idées *actuelles* sans en avoir préalablement d'*habituelles*, ce serait étrangement s'abuser soi-même. On a seulement des idées actuelles à la suite d'habituelles, parce que celles-ci, précédant celles-là, sont une sorte de fond lumineux sur lequel les actuelles ressortent par opposition. Il n'est pas plus possible d'avoir des idées actuelles sans idées préalables habituelles, que d'apercevoir un corps hors de l'espace. Il faut que toujours le grand précède le petit, et non le petit le grand, car, avant d'émettre le grand, le petit aurait besoin de *recevoir*; tandis qu'il suffît au grand, pour émettre le petit, de *donner* ou *céder*, chose infiniment plus facile à tout agent libre ou personnel. Ainsi l'on conçoit sans peine un petit animal parasite d'un grand, et l'on ne concevra jamais inversement un grand animal de la taille de l'éléphant parasite de la petite puce.

3. Les idées *habituelles* dont se compose en quelque sorte le préalable approvisionnement d'un être intelligent, sont les idées radicales, irréductibles de *sujet* et d'*objet*, d'*actif* et de *passif*, de *principe* et de *fin* ou de *moyen*, etc.; car ces idées sont comme les yeux de l'intelligence, et sans elles, on n'aurait pas plus d'idées actuelles qu'on n'aurait sans les yeux la sensation des couleurs. Quand nous sommes créés et mis au monde, qu'acquérons-nous alors ? Nous acquérons cette connaissance particulière et distincte : que les idées susdites, jusqu'à ce moment vagues ou flottantes, et par là-même indistinctes, trouvent désormais en nous un point d'application ou d'arrêt, un *terme* auquel elles conviennent ; celle,

par exemple d'*objet*, quand nous changeons involontairement d'état, ou *souffrons* ; celle de *sujet* quand nous disposons volontairement de nous-mêmes et du dehors, ou *jouissons*, etc. Et comme d'ailleurs nous ne distinguons jamais mieux rien que quand nous le nommons, c'est en appliquant à nos divers états internes, pris ensemble ou séparément, les dénominations usitées de *centre* et de *foyer*, ou de *facteur* et de *terme*, que nous en acquérons la notion positive, actuelle ou concrète. Les idées prennent place dans l'intelligence comme Nous-mêmes prenons place dans le monde à la faveur des positions ou des rôles que nous nous y attribuons, et qui nous font ainsi ressembler aux roues d'un engrenage aussi propres à recevoir le mouvement qu'à le transmettre ou propager. D'abord, sans prétendre que nous ne sommes pas autre chose, mais plutôt parce que nous avons plus, nous nous remarquons comme simples *individualités* ; plus tard, nous nous reconnaissons sexuels ou *spéciaux* ; enfin, nous nous élevons de nous-mêmes au rang de puissances ou de *genres*. La preuve, en tout cela, que l'idée de *genre* précède habituellement l'idée d'*espèce* comme l'idée d'*espèce* celle d'*individualité*, pour la rendre *possible*, c'est qu'inversement l'apparition de l'individualité doit précéder celle de l'espèce, et l'apparition de l'espèce celle du genre pour la rendre *actuelle*. Dans l'ordre des réalités, la cause est avant les faits ; dans l'ordre de la connaissance, l'effet est avant sa cause : ainsi, le soleil nous est plus tard connu que la lumière, mais il existe, au moins en raison, plus tôt que la lumière par laquelle nous le connaissons.

4. Le même chemin que nous faisons alors en premier lieu pour arriver des notions *habituelles* aux *actuelles*, et qu'on pourrait bien qualifier de cours d'éducation *physique*, nous devons le refaire plus tard pour recevoir notre éducation *intellectuelle*. Le procédé suivi par la nature dans le premier cas est la *détermination*, le procédé suivi dans le second cas est l'*abstraction*; et l'effet de ce second procédé n'est point, comme on pourrait le croire, d'abstraire le *formel* du *concret* pour le mettre en lumière au moyen de cette séparation ; mais il est au contraire d'abstraire le concret

du formel, afin que ce dernier, une fois dégagé de cette enveloppe grossière, apparaisse immédiatement aux yeux, à l'instar de la lumière retirée de dessous le boisseau qui la recouvre.

Au début du mouvement de retour de l'Esprit sur lui-même dans l'emploi de l'abstraction, il importe peu que nous nous envisagions comme *terme* ou comme *genre* absolus ; car, dans les deux cas (et c'est là le caractère commun indistinct de ces deux aspects), nous sommes *un*. Mais bientôt après, ainsi que nous l'avons déjà dit, nous passons au rang d'*espèce*, ou sommes *un sur deux*. Enfin, nous revêtons le personnage d'*individualité*, mais d'individualité concrète ou générale à son tour, c'est-à-dire équivalente à l'absolu, quoique sous forme relative ; ce qui nous fait être *un sur trois*. Tels sont les rôles corrélatifs de *principe*, de *fin* et de *moyen* égaux chacun à $\frac{1}{3}$. On sait déjà que nous avons cru devoir donner à tout agent ainsi qualifié le nom de *foyer* ; mais ce que nous n'avons pas encore dit, c'est que, abstraction faite du caractère incommunicable revenant de droit au premier *principe*, à la dernière *fin* et au *moyen* absolu radical, il n'y a point d'être au monde qui ne soit capable, en certains temps ou lieux, des mêmes rôles. On conçoit donc un principe 1er, 2e, 3e; une fin 1re, 2e, 3e...; un moyen 1er, 2e, 3e..., c'est-à-dire des *séries* de principes, de fins ou de moyens *contingents*, lesquelles séries peuvent être encore des *ensembles* ordonnés de la même manière. Il suffit cependant qu'on veuille bien passer de la considération formelle du temps à celle plus apparente de l'espace, pour voir ici s'adjoindre tout d'un coup à l'idée de *foyer* celle de *centre*. Car, dans l'espace, si deux séries partent à la fois d'un même point, ce point, qui est déjà principe, est *négativement* centre. De même, si deux séries aboutissent de divers côtés au même point, ce point est *positivement*, à la fois, fin et centre. Et si deux séries, marchant en sens contraire, traversent simultanément le même point, ce point, qui est déjà moyen, est encore, à la fois, dans le double sens *positif* et *négatif*, centre. Il résulte de là qu'il n'existe pas seulement deux ou trois, mais quatre sortes de centres : deux *positifs* et deux *négatifs*. Ces quatre sortes de centres pouvant convenir aux trois sortes déjà reconnues de foyer, nous donnent 4×3, ou 12 positions *centrales* ou *focales* différentes. Mais ces douze positions sont encore attribuables aux deux espèces ou sexualités contenues sous le même genre absolu radical. Nous avons donc, en définitive, 4×3×2, ou 24 positions *centrales* ou *focales* ou *sexuelles* possibles et différentes.

5. On a pu remarquer que dans la détermination des 24 classes précédentes d'êtres, nous nous sommes rigoureusement abstenu de faire intervenir les notions accessoires de *forme* ou de *degré* qui sont seulement valables pour caractériser des variétés, non des essences; il importe donc ici de s'en tenir aux notions fondamentales précitées d'*espèce*, de *foyer* et de *centre*. Pour apprendre maintenant à faire usage des classes ainsi trouvées, nous distinguerons entre les deux manières de disposer les foyers, et qui consistent: l'une, à les ranger comme *principe, fin* et *moyen*, l'autre, à les ranger comme *principe, moyen* et *fin*[1].

[1] Exemple mathématique de ces deux cas. Soit 5 le rap- de 20 à 4; on peut poser indifféremment, en plaçant tour à tour le moyen 5 au 3° ou 2° rang: 20 : 4 = 5; 4×5 = 20.

La première manière est la méthode imaginaire ou rationnelle *interne* ; la seconde manière est la méthode réelle ou physique *externe*. Dans la première méthode, la nature opère brusquement ou sans transition ; elle saute, pour ainsi dire, d'un foyer à l'autre : ainsi va l'Esprit. Dans la seconde méthode, la nature opère insensiblement ou sans degrés, et rallie, par une infinité de termes moyens intercalés, les deux extrêmes radicalement non moins opposés entre eux que la nuit et le jour : ainsi va le Sens. Mais le monde présent est comme un mélange d'Esprit et de Sens: il n'y a donc présentement ni plein saut, ni décroissement insensible, et la nature va, par petits bonds ou changements consécutifs distincts, à la façon d'un homme qui marche, et non d'une eau qui coule. En tout cas d'arrêt ou de reprise, elle pose alors un terme moyen, qui est un être contingent ; et si ce terme diffère essentiellement de tous les autres êtres réels qu'on pourrait vouloir lui comparer, il correspond qualitativement à l'une des 24 positions déjà trouvées.

Nous nous expliquerons bientôt de manière à ne laisser subsister dans l'esprit aucune obscu-

-rité sur le sujet qui nous occupe actuellement; mais peut-être ne sera-t-il pas inutile d'insister un moment ici sur l'intrinsèque incompatibilité des deux méthodes *imaginaire* et *réelle*, entre lesquelles la Nature semble adopter un terme moyen en les entrecoupant l'une par l'autre. Dans la première méthode, avons-nous dit tout d'abord, la nature opère brusquement ou sans transition, en passant d'un extrême à l'autre; on aurait un exemple de ce cas si, carrant le nombre 4, on s'élevait tout d'un coup à la deuxième puissance égale à 16; ou bien inversement si, prenant la racine carrée de 16, en redescendait subitement au facteur 4. A quoi peut tenir alors l'absence de tous termes moyens? Si nous ne nous trompons, la raison en est dans l'emploi des quantités imaginaires inséparables de celui de la méthode de même nom. Ainsi que l'a démontré Gauss, les imaginaires ne sont pas autre chose que l'indication de la perpendicularité d'une direction secondaire sur une autre première, et moyennant cette disposition, la transition de la force appliquée suivant la première direction dans un sens, à la force appliquée suivant la seconde direction dans un sens normal au précédent. Soient, en effet, donnés les deux extrêmes : $+1$ et -1. En prenant pour terme moyen la quantité imaginaire $\sqrt{-1}$, l'on a la proportion :

$$+1 : \sqrt{-1} :: \sqrt{-1} : -1 \;;$$

d'où il résulte que, en toute élévation (comme inversement, *mutatis mutandis*, en tout abaissement) de puissances, le facteur censé fonctionner en qualité de multiplicateur doit se disposer *transversalement* sur l'autre facteur jouant le rôle de multiplicande. Or, comme on sait, toutes forces rectangulaires sont dans une entière impossibilité d'agir dynamiquement l'une sur l'autre, et ne peuvent en conséquence influer que sur leur effet commun émis sans interruption des deux côtés par une sorte d'élan subit. Donc, c'est vraiment par l'imaginarité de l'un des facteurs appelés à concourir à l'élévation des puissances, que l'exaltation s'en opère en bloc ou tout d'une pièce, sans distinction de lieux, ni de moments, ni d'êtres. Dans la seconde méthode, avons-nous dit ensuite, la nature opère insensiblement ou sans degrés apparents d'aucune sorte. La variation dans le changement, exprimable alors par une équation de la forme $v = \frac{ds}{dt} = S_o \vec{e}$, n'implique rien de plus ni de moins qu'un agent du premier degré se modifiant lui-même au fur et à mesure qu'il agit, en raison de l'effet déjà produit : il n'a donc besoin, d'une part, d'aucun concours externe, et d'autre part, comme il est infiniment proche de lui-même, il est évident qu'il doit s'affecter en chaque instant de son état variable actuel sans la moindre trace possible de reprises ou de lacunes dans la variation. Donc cette même variation, quoique très-réelle, doit être constamment insensible. Maintenant, que nul produit réel ne survient *exclusivement* par l'une ou par l'autre des deux méthodes *imaginaire* ou *réelle*, c'est ce qu'il est aisé de constater en voyant, d'une part tous les êtres croître ou décroître dans le temps, et d'autre part encore les mêmes êtres apparaître dans l'espace composés d'un grand nombre d'articulations différentes sous forme, soit stratifiée, soit organique. Donc, sans exclure précisément ces deux méthodes, la nature semble faire un intelligent emploi des deux, en entremêlant suites et lacunes, et rompant ainsi partout la monotonie, toujours possible, avec assez de retenue pour n'introduire jamais nulle part la confusion.

6. Voulant sortir des deux cas de *saut* ou de *suite* absolus, la Nature doit évidemment instituer ou créer des *points singuliers* où son activité trouve à se transformer graduellement par petits sauts toujours un peu, mais, aussi, toujours très-peu sensibles ; et, puisque ces petits sauts ne peuvent se rencontrer dans les deux cas extrêmes d'un *agent unique* d'une part, et d'un *co-agent imaginaire* de l'autre (§ 5), la Nature, instituant les points singuliers, doit être en présence d'un cas en quelque sorte mixte, où le co-agent, n'étant point *imaginaire* ni *nul*, joue par là-même le rôle de *moyen*. Comment la Nature peut-elle, cependant, se trouver en pareil cas ? C'est tout simple : elle s'y trouve, parce qu'elle s'y met.

Reprenons la distinction des trois formes personnelles : principe, fin et moyen. Là, tout d'abord, le Principe est à la fois centre et foyer ;

la Fin est, comme terminant le principe, un terme à part; mais, en l'absence de tout autre terme objet de comparaison, un terme sans position arrêtée, réelle ou fixe, et le Moyen qui, survenant alors, s'intercale seul et premier entre le Principe et la Fin absolus, parce qu'il aboutit, d'une ou d'autre part, soit à la *plénitude*, soit à l'*élément* de puissance active, réunit nécessairement en lui-même ces deux caractères opposés, et fonctionne ainsi par manière d'intime variation immanente. En conséquence, le Principe, la Fin et le *Moyen* primitifs apparaissant flotter originairement dans une entière indétermination actuelle ou relative, on pourrait croire qu'ils n'en sauraient jamais sortir : néanmoins ils en sont toujours éminemment capables par le simple et spontané développement de leurs tendances originaires. Car, tandis que, par exemple, le Moyen primitif hérite originairement de toute l'activité du Principe et de toute la passivité de la Fin, il est naturel qu'il reporte sur la Fin inerte toute son activité disponible, et s'en approprie le rôle inerte vis-à-vis du Principe éminemment actif. Puis, la Fin représente ici pour nous l'*Intellect*; et, comme étant à ce titre une image vivante du Principe *sensible* aussi réduit que possible, elle en contient et reproduit par là-même au moins l'élément infinitésimal ou l'unité radicale. Cette unité radicale de *sensible* qu'elle contient alors, ne pouvant — comme propre à la Fin — se confondre avec le Principe, en est représentée distincte et située, par exemple, à l'unité de distance. Mais c'est là justement qu'elle devait se trouver pour devenir le théâtre ou l'objet de l'activité disponible du Moyen. Donc, au moins imaginairement ou représentativement, le premier état réel de l'Activité radicale est celui d'un Principe absolu, centre et foyer tout ensemble, circonvenu par rayonnement, à l'unité de distance, d'un point mobile (le terme représentant), à la fois autant attiré que repoussé, sans distinction préalable de moments, et dès-lors parcourant, avec le degré de *vitesse résultante* proportionnelle aux unités de force *attractive* et *tangentielle* concourantes, en quatre moments consécutifs, autant de diagonales qui lui font décrire autour du principe une surface polygonale à quatre côtés égaux, et par suite carrée. Le polygone ainsi décrit n'ayant, par hypothèse, que des côtés infiniment petits, le carré qu'il constitue ne diffère point sensiblement du cercle. Cependant, comme les éléments du carré sont le vrai soutènement ou *substratum* de cette apparence sensible circulaire, ils offrent naturellement au Principe, non moins *intelligent* que *sensible*, une perpétuelle occasion, en supposant qu'il *veuille* user de sa pleine puissance radicale, de changer, par une convenable transformation de l'*unité fondamentale* (toujours *arbitrairement* admise en exercice *externe* et que nous appellerons *module*), la forme de la courbe produite. Et, pour lui, créer ou produire du nouveau, ce n'est point seulement, alors, varier le *phénomène* primitif et perpétuel d'une révolution en quatre phases absolues indivisibles; c'est encore évidemment varier les *noumènes* ou soutènements de ses opérations plus compliquées relatives au dehors, puisqu'elles sont toutes essentiellement dépendantes de la longueur arbitraire des *modules* employés à les réaliser.

Les unités réelles, naguère appelées *modules*, ne peuvent différer qualitativement l'une de l'autre, sans différer aussi de la première Unité de leur ordre, déjà reconnue décrire sensiblement un cercle en quatre moments distincts sous forme de carré. Pour les produire à sa suite, il existe, au service du Principe radical, un moyen tout simple : c'est de scinder en deux, ou trois, ou quatre... l'Unité première, en la multipliant par là-même d'autant. Il est bien évident, en effet, que prendre le rapport de 1 à 2, à 3, à 4, etc., c'est autant faire acte spécial ou particulier d'intelligence, que prendre le rapport de 1 à 1 ; car la seule différence entre ces différents cas est, non dans la nature, mais dans la complication des points de vue proportionnelle à leur nombre. Donc, en même temps qu'alors l'acte d'intelligence se complique, il se multiplie réellement ; et dans le cas spécial où le module est $\frac{1}{2}$, deux intelligences se trouvent élémentairement subordonnées à l'intelligence à module *1*, de la même manière que, au cas où le module serait $\frac{1}{3}$, trois intelligences élémentaires se trouveraient subordonnées à l'intelligence à module *1*, etc. Mais ces différenciations d'Unités réelles ou de modules par voie simplement intellectuelle, ne sont point immédiatement apparentes ou traduites en faits visibles et palpables. Pour les voir apparaître, il faut admettre que le Principe sensible s'inspirant de son intelligence rayonne instantanément (§ 5) des séries de termes subjectivement constitués sur le type des modules consécutifs 1, $\frac{1}{2}$, $\frac{1}{3}$, ou leurs réciproques 1, 2, 3,... Car, d'abord, tous les termes de *même* module, ainsi constitués, sont évidemment aptes à se ranger sur la même courbe ; et puis, dans l'ordre ascendant, par exemple, tandis que naguère le terme à module *1* ne nous donnait qu'une diagonale par quadrant, deux termes à module *2*, ou trois termes à module *3*.., nous donneront par quadrant *2*, *3*... diagonales, ou bien des circonférences octogonales, dodécagonales...; c'est-à-dire que, autant il y aura d'éléments dans le module, autant il y aura d'éléments mis à nu dans un quadrant. Soit, en effet, donné le module 2, réciproque de $\frac{1}{2}$: le Principe radical projetant d'abord instantanément l'objet à la distance *4* (carré de *2*), mais le livrant dès cet instant à lui-même, ce dernier, suivant le cours *naturel* des choses, devra décrire dans sa chûte, *verticalement*, une longueur = 1, et, *transversalement*, une longueur = 3, avant de décrire, immédiatement après, *verticalement* une longueur = 3, et *transversalement* une longueur = 1. Le mouvement de chute comprend donc, en même temps que deux *moments* distincts, deux *positions* différentes pour le mobile : l'une sur la verticale à $0°$, l'autre en dehors du plan vertical et à $45°$ de ce plan. Mais ces deux positions, à la fois comparables à deux centres et à deux foyers comme lieux d'entre-croisement de *forces* ou de *vitesses*, seront bien situées sur la même circonférence et dans le même quadrant. Donc *deux* unités dans le *module* donnent *deux* points *singuliers* ou *deux* sommets de contour polygonal. On démontrerait de la même manière que *trois, quatre...* unités dans le *module* donneraient *trois, quatre...* sommets en contour polygonal. Donc, généralement, autant un Module contient d'*unités*, autant un un quadrant a de *côtés*.

7. Maintenant, il est à peine besoin de faire observer que, au nombre des côtés compris dans

un quadrant, correspond un égal nombre de secteurs ; et que les aires des secteurs sont en raison inverse de leur nombre. Puisque, d'après ce que nous venons de dire, le nombre des sommets ou des côtés ou des secteurs existe tout d'abord prédéterminé dans le Module ou le modèle intelligible d'un Être, il est bien évident encore que, une fois créé dans un système, aucun Être ne peut se transformer lui-même, ou bien passer spontanément d'une espèce en une autre, comme cela serait si l'Être à module *3* voulait s'installer sur la circonférence des Êtres à module *2*, ou réciproquement. Il est de même évident qu'un Être rangé le premier sur son contour naturel ne peut échanger de place avec l'Être occupant la seconde ou la troisième place sur le même contour, car ils sont réciproquement constitués, l'un ayant, par exemple, *1* degré de vitesse centripète et *3* degrés de vitesse tangentielle, l'autre ayant *1* degré de vitesse tangentielle et *3* degrés de vitesse centripète. Donc, dans le Module ou le type originaire d'un Être, tout est à la fois prédéterminé: *nombre, ordre* et *qualité*. Le *nombre* fixe est le nombre même du module; l'*ordre* est le rang assigné d'avance à chaque élément du nombre ; enfin, la *qualité* consiste dans l'arrangement alternant des vitesses disparates, mais numériquement égales, réunies dans le même type individuel. Car il n'est pas nécessaire que les unités *absolues*, facteurs dans les modules, soient rigoureusement égales, et quoique différant, par exemple de 0 à $\frac{1}{2}$ en *amplitude*, elles ne laissent point d'être compatibles, à la condition de retenir toujours en fonction le même rhythme.

La question de l'origine des points *singuliers* étant une fois résolue comme il vient d'être dit, il nous reste à résoudre celle de leur réunion d'après laquelle, malgré leur accentuation de différence, les mêmes points ressortant peu semblent former une suite réelle. Les *différences* provenant du libre choix ou de la détermination spontanée du Principe créateur instituant les Fins à sa guise, les *transitions* de chacun des points singuliers au suivant proviennent du *Moyen* radical, identifié naguère à la vitesse, et tel, en effet, que, lorsque les espaces parcourus en vertu de la force attractive sont entre eux comme la suite croissante des nombres impairs *1, 3, 5...,* les espaces simultanément parcourus en vertu de la force répulsive sont entre eux comme les nombres... 5, 3, 1, inverses des précédents. Par suite, la somme des vitesses attribuables à chacun des points singuliers ne varie jamais, puisque $1+5=6$, $3+3=6$, $5+1=6$. Mais, la somme des vitesses restant la même en tous les points consécutifs d'un même système, la transition d'un point à l'autre, quoique accompagnée de variation dans les composantes, n'est jamais brusque ni perturbatrice, et s'accomplit comme d'elle-même sans secousse ni révolution, à peu près comme dans la nature on passe insensiblement, par toutes les nuances du crépuscule, de la pleine nuit au plein jour. Donc, tout comme, plus on multiplie les côtés d'un polygone, plus on en adoucit les sommets sans pour cela les effacer absolument, de même la nature rallie, par l'aménagement gradué des vitesses, le passage des positions les mieux accentuées à leurs contraires; et le monde est bien ainsi régi par deux forces incompatibles une à une en relation immédiate, mais ramenées deux à deux à l'accord par le Moyen conciliateur de la Vitesse.

8. Cette Vitesse est l'Esprit médiateur entre le Principe sensible et la fin intelligible. Dans cette manière de voir, les trois Foyers sont ainsi rangés: *Principe, Moyen, Fin*, ou bien *Sens, Esprit, Intellect*. Et là, le seul premier Principe est divin ; la seule dernière fin peut être également divine : mais le Moyen divin, quoique toujours réel, ne peut jamais apparaître nulle part et reste constamment virtuel, alors même qu'il influe réellement sur la suite ou la tenue de tous les termes de la série compris entre le premier Principe et la dernière Fin, dont le rôle passager est d'être à la fois *Fin* et *Principe* l'un pour l'autre, aussi bien que *Moyens* de l'un à l'autre. Dans le temps, ainsi que dans l'espace, l'Esprit s'attache aux Êtres ou points *singuliers*, comme les nuages paraissent affectionner les sommets des montagnes élevées ; mais, de même que, après être restées quelque temps sur les hauteurs, les nuées en descendent pour se répandre sur les plaines, l'Esprit, infiniment plus rapide en ses mouvements, ne cesse d'aller et de venir, au fur et à mesure de leur avénement, d'un Être à l'autre, afin d'arriver, par leur plus parfaite égalisation

possible, au nivellement intégral des causes et des effets depuis leur premier Principe jusqu'à leur dernière Fin.

Chercher la classification raisonnée de tous les Êtres, c'est tenter d'opérer en idée par la science le même nivellement des Êtres que l'Esprit doit opérer lui-même un jour. Pour en arriver là, nous n'avons pas seulement reconnu déjà l'origine de leurs différences actuelles et la raison de leurs liaisons graduées; nous avons encore nominativement indiqué les espèces des Personnalités faisant généralement saillie dans l'Ensemble uniforme d'ailleurs. Ces espèces de personnalités différentes peuvent exister, avons-nous dit, au nombre de $2 \times 3 \times 4 = 24$.

Parmi les facteurs de ce produit, nous devons en distinguer deux relativement fixes et jouant en outre un rôle bien différent, soit l'un par rapport à l'autre, soit tous deux par rapport au troisième, rangé le second dans la série comme moyen. Ce dernier étant représenté par le nombre *3*, les deux autres le sont par les nombres *2* et *4*; mais, avant d'insister sur la différence commune de rôle entre les deux facteurs *2* et *4* et le moyen *3*, disons ce que ces deux mêmes facteurs signifient l'un pour l'autre. Le facteur *2* exprime une dualité comparable à l'opposition *sexuelle* ; le facteur *4* exprime les quatre sortes de centralités *circulaire*, *elliptique*, *parabolique* et *hyperbolique*. Or, que désignent d'abord ces quatre sortes de centralités, si ce n'est une somme quartipartite d'états physiques externes ou apparents, tels qu'on les voit actualisés, par exemple aux cieux, dans le *soleil*, les *planètes*, les *satellites* et les *comètes*, ou bien en terre, dans les *vertébrés*, les *articulés* ou *mollusques*, les *rayonnés* et les *animalcules* ? Dans ces divers états, les Êtres ne sont pas censés agir, mais ils sont envisagés tels qu'ils sont, tels qu'ils apparaissent, tels qu'ils peuvent être ; ils sont donc caractérisés par de simples données relatives, et le rôle actuel en est tout extérieur ou physique. Au contraire, considérons-nous maintenant les Êtres dans leur rôle dualiste et tout actif ou passif, qualifié de sexuel : ils sont loin d'apparaître de cette sorte indifférents, apathiques ou neutres ; ils témoignent plutôt, l'un pour l'autre et chacun dans sa sphère, d'une infinie activité, pour laquelle ils n'empruntent rien au dehors et tirent tout d'eux-mêmes. Donc, leur rôle est respectivement cette fois, quelles qu'en soient les traces apparentes, interne ou virtuel. D'ailleurs, ce même rôle sexuel interne, ou virtuel en principe, est encore un rôle originaire échappant sous ce rapport à toute comparaison avec le rôle externe et postérieur des quatre centralités. Donc, en même temps que le rôle sexuel l'emporte, d'une part, en profondeur et généralité sur ce dernier, il lui cède considérablement en apparition ou spécialité, de l'autre, et se relègue ainsi, pour ainsi dire, de lui-même au second rang, au moment où, cherchant à classer scientifiquement les Êtres, nous avons moins en vue d'en saisir ou signaler les propriétés intrinsèques que les ressemblances ou différences formelles. Cependant, il est bien possible que, en certains cas, le facteur 2 ne soit pas plus négligeable que le facteur 4, et dans ce cas il est bien évident qu'on ne doit pas manquer d'en tenir compte.

Les cas dans lesquels il faut alternativement employer de préférence l'un ou l'autre des deux facteurs 2 et 4 doivent nous être désignés par la considération attentive du facteur moyen *3*, dont il nous reste à parler. Le concept de *Foyer*, compris (dans notre tableau du n° 9) entre le concept de *facteur* qui le précède et celui de *centre* qui le suit, est comme un homme à cheval sur deux étriers, ou comme un autre Janus à deux visages, regardant derrière lui le passé représenté par les deux espèces sexuelles, et devant lui l'avenir représenté par les quatre centralités positives ou négatives. Porté sur ces deux autres concepts et pouvant les contempler à la fois aussi bien que l'un après l'autre, le concept intermédiaire de Foyer ne peut pas ne pas les employer tous deux ; car, comment subsisterait-il autrement, n'ayant point par lui-même de siége ou de support déterminé dans son infinie latitude d'exercice originaire ?..... Mais le concept qui le précède l'affecte nécessairement plus, sous un certain rapport, que le concept postérieur ; car le concept antérieur, une fois qu'il l'affecte, l'affecte comme par la racine ou le détermine *à priori ;* les affections qu'il en reçoit sont donc naturellement indélébiles ; c'est-à-dire que dès ce moment, au lieu de trois simples foyers absolus, on en doit avoir six relatifs, car $2\times3=6$. D'un autre côté, le facteur *2* n'entre jamais en rapport direct avec le facteur *4*; s'il doit arriver jusqu'à ce dernier, il y arrive donc par le moyen du facteur *3* ou du concept de foyer. Mais, quand ce facteur ou concept intermédiaire, une fois escorté des déterminations émanées de ses relations avec le facteur *2*, aborde immédiatement le facteur *4*, ce n'est point grâce à ces déterminations qu'il le fait ou peut le faire, c'est par les siennes propres, ou bien en qualité de foyer. Donc, dans ces nouveaux rapports du facteur *3*, il ne faut tenir compte que de lui-même; ce qui nous donne seulement *3* comme multiplicateur de *4*, ou bien $4\times3=12$. C'est donc bien réellement $2\times3=6$ que nous avons d'une part, et 4×3 que nous avons de l'autre, et non $2\times3\times4$, ou bien $4\times3\times2$ [1].

---

[1] Nous n'entendons point ici contester l'utile emploi possible du nombre *24*, mais simplement déclarer qu'il doit, en ce cas, trouver place ailleurs, dans une cosmogonie, par exemple, où l'addition du *surnaturel* au *naturel* peut immédiatement élever, par redoublement de termes, le nombre *12* à *24*.

De là, que faut-il conclure ? Il en faut conclure que tant le facteur *2* que le facteur *4* sont comme des corps inertes, incapables de jamais s'élever par eux-mêmes en l'air sans l'Esprit des Foyers, qui peut, de son côté, très-bien en suppléer en cela le défaut, en ayant seulement soin de soulever comme d'en haut le facteur *2*, auquel il est postérieur, et comme d'en bas le facteur *4*, qu'il précède. C'est donc le facteur *3* qui est le vrai véhicule de tout, ou le moteur universel ; il est l'Esprit vivificateur et l'Esprit impulseur. Mais, esprit vivifiant des deux *espèces*, il s'en incorpore, au moins imaginairement, la forme ; esprit seulement impulseur des quatre centralités, il les abandonne, dès qu'il a rempli son office, à elles-mêmes, en l'état statique dans lequel elles nous apparaissent, et qui nous permet alors de distinguer parfaitement, de la Cause active qui les a produites, le Projet passif dans lequel elles sont ou ont été réalisées.

Ici, notre affaire est donc, en dernière analyse, d'étudier les Foyers sous leur double aspect *antérieur* et *postérieur*, afin de voir ce qu'ils deviennent d'une part, et ce qu'ils font de l'autre.

9. Envisagés sous le premier aspect dans leurs rapports avec les deux espèces d'activité relative, les trois Foyers absolus se déterminent eux-mêmes et prennent les deux caractères opposés d'agent exécutif ou dominateur, d'une part, et d'agent simplement provocateur ou subalterne, de l'autre. Pour fixer tout d'un coup les idées à cet égard, nous en appellerons à l'expérience, et nous prendrons pour théâtre d'expériences la lumière.

Quelles que soient les opinions des physiciens sur la distinction ou l'identité radicale des trois agents physiques : calorifique, électrique et lumineux, aucun ne nie qu'ils ne soient, au moins relativement, essentiellement distincts, ou qu'ils ne constituent trois classes de phénomènes irréductibles. A ce point de vue, la lumière est donc un agent ou *genre* d'agent à part. Ce genre d'agent est la lumière dite *naturelle*, comme d'abord spontanément développable, en tout sens par rayonnement universel.

Tous les physiciens sont encore d'avis que ce genre contient d'abord implicitement, et manifeste ensuite explicitement, par dédoublement et redoublement simultanés, deux *espèces* de lumières, dont ils nomment l'une *ordinaire*, et l'autre *extraordinaire*. En même temps qu'il existe un seul genre lumineux, il existe donc deux espèces lumineuses.

Enfin, tous les physiciens admettent également que chacune des deux espèces de lumières déjà reconnues se décompose en lumières *particulières* colorantes ou colorées, en nombre indéfini sans doute, mais réductibles en groupes et marchant alors de deux en deux ou par couples, dont les deux éléments, dits respectivement *complémentaires*, sont toujours entre eux comme fort et faible. Ainsi, l'on a les couples de couleurs complémentaires :

$$\left\{ \begin{array}{l} \text{rouge} \\ \text{vert} \end{array} \right., \left\{ \begin{array}{l} \text{orangé} \\ \text{bleu} \end{array} \right., \left\{ \begin{array}{l} \text{jaune} \\ \text{violet} \end{array} \right.,$$

dans lesquels le terme supérieur s'approprie le rôle fort, et le terme inférieur le rôle faible. Comment se fait-il maintenant que toutes les couleurs particulières groupées s'associent ainsi toujours par trois couples de deux ? Tous les physiciens se taisent sur cette dernière question, dont la solution nous reste alors à donner ; et, pour cela, nous démontrerons que les trois couples de lumières sont *radicalement* trois *individualités* absolues ou simples, dont le dédoublement apparent est bien possible plus tard par division de fonctions, mais dont l'*incomplexe* position originaire est bien absolument égale à celle de la lumière naturelle elle-même, tout à fait et dans le même sens que, en religion, on dit des trois Personnes divines qu'elles sont, d'une part identiques à Dieu, mais d'autre part non identiques entre elles, comme impliquant constamment, toutes et chacune, deux composantes inégales associées. Voici notre démonstration.

Prenons d'abord trois lames de quartz perpendiculaires, d'épaisseur *différente*, et, pour la première lame, *égale à $6^{mm},5$* ; pour la seconde lame, *égale à $3^{mm},75$* ; pour la troisième lame, *moyenne* entre les deux valeurs précédentes ; et, les plaçant tour à tour sur la tablette de l'appareil de Norremberg, regardons-les exclusivement dans les deux positions rectangulaires 0° et 90° (sans faire tourner par conséquent le polariscope) : nous verrons successivement apparaître, dans les deux plans indiqués, les trois couples de couleurs distinctes :

$$\left\{ \begin{array}{l} \text{rouge} \\ \text{vert} \end{array} \right., \left\{ \begin{array}{l} \text{jaune} \\ \text{violet} \end{array} \right., \left\{ \begin{array}{l} \text{orangé} \\ \text{bleu} \end{array} \right..$$

Remplaçons alors le nicol par un prisme biréfringent de spath, qui nous montre à la fois les mêmes couleurs couple par couple, et même les superpose partiellement : nous verrons *chaque fois* les deux couleurs associées, quoique très-différentes, reconstituer de la lumière blanche naturelle[1]. Il y a donc déjà complète identité *de fait* entre chaque couple composé de couleurs différentes et la lumière naturelle. Mais est-ce à dire, pour cela, que chaque couple composé de couleurs différentes soit *analytiquement* égal à l'autre ? Non, évidemment. Et si par hypothèse les mêmes couleurs composantes ne se fondaient point rigoureusement l'une en l'autre, concevrait-on que, composant deux à deux des groupes

---

[1] Naturelle *de fait*, non *à tous égards*, bien entendu ; car elle apparaît incomparablement *plus soluble* que la lumière naturelle *primitive*, et par conséquent moins *une* en habitude ou *puissance*.

essentiellement disparates, elles pussent jamais donner *par trois fois* un résultat identique ? Pas davantage. Vingt pièces de cuivre de 5 centimes, par exemple, peuvent bien équivaloir à une pièce d'argent de 1 fr.; vingt pièces de bronze de 5 centimes y peuvent équivaloir de même ; mais, si l'on fond ensemble les vingt pièces de cuivre et les vingt pièces de bronze, elles ne donneront jamais par leur mélange une pièce réelle de 1 ou 2 francs d'argent. Il y a donc ici quelque chose comme une transmutation de fond ; et l'on ne peut admettre cependant que c'est le *pire* ou la *coloration* qui se transforme de soi-même en *mieux* ou en *blancheur* ; car nous savons déjà (§ 2) que le *plus* est avant le *moins*. Donc, ici, l'*un* précède réellement le *multiple*; et, de même qu'il n'y aurait point de lumières *spéciales* sans lumière *générale* (naturelle), il n'y aurait point également de couples de lumières *spécialisées* sans un égal nombre d'*individualités* lumineuses offrant, chacune, toute la généralité de la lumière naturelle primitive.

Du reste, comme bientôt nous aurons occasion de le montrer, tous les couples de couleurs complémentaires associées constituent, un à un, de la lumière *elliptique*. Si tout à l'heure, au lieu de placer le nicol dans les deux seuls plans principaux rectangulaires, nous l'avions fait tourner sans interruption d'un plan à l'autre, nous aurions vu le même filet donné de lumière nous offrir successivement toutes les trois couleurs supérieures des couples dans le premier quadrant, et toutes les trois couleurs inférieures dans le second quadrant. Il y a donc trois systèmes d'ellipse successivement appliqués dans une rotation de 90º. Ces ellipses ne diffèrent alors, évidemment, ni par le *nombre* ni par l'*ordre* des couleurs ; elles diffèrent donc seulement par leur *qualité* (§ 9), c'est-à-dire (abstraction faite momentanément de la vitesse angulaire) par l'amplitude des vibrations. Or nous avons admis déjà (§ 6) que l'amplitude de jet dépend radicalement du Principe éjaculateur. Donc, ici, le Principe éjaculateur varie réellement son jeu dans le même quadrant. Mais, si le Principe éjaculateur varie son jeu, la Fin et le Moyen doivent proportionnellement aussi varier, en ce que, par exemple, la Fin sera plus prochaine ou plus lointaine, et le Moyen plus rapide ou plus lent. Donc la distinction des couleurs remonte forcément à la distinction même des trois Foyers : Principe, Fin et Moyen.

10. En démontrant, dans le paragraphe précédent, qu'il n'y a point de phénomènes lumineux sans le concours actif ou passif des trois Foyers, et qu'ils s'y donnent ou qu'ils y prennent d'eux-mêmes les deux aspects de sujet ou d'objet, nous avons vidé la question du rapport des *Foyers* aux *Facteurs*, mais non celle du rapport des *Foyers* aux *Centres*. Cette dernière question se résout en sens inverse de la précédente. Naguère, les Foyers étaient censés se déterminer expressément eux-mêmes ; maintenant, ils se déterminent bien encore, mais indirectement, et leur détermination présente, bien plus apparente que réelle, est une simple conséquence, non l'effet immédiat de leur activité. Les produits n'en sont plus aussi des qualités personnelles, mais des modes d'être.

Ici, les idées se développent et s'enchaînent avec tant de naturel ou de facilité, que nous pouvons nous contenter de les analyser pour démontrer nos assertions. Admettons, en effet, d'abord, l'idée d'un Principe absolu, qui rayonne hors de lui-même un ou plusieurs termes quelconques. Ce Foyer producteur, parce qu'il ne peut manquer (étant radicalement seul) de tout rapporter à lui-même, est à la fois foyer et centre : il est donc également à la fois centre réel et foyer réel, ou centre de fait et foyer de fait. Cependant, cesserait-il, par hypothèse, de remplir la fonction de foyer : il pourrait et devrait bien encore remplir celle de centre réel, ou fonctionner comme centre habituel ou de droit. Tout Principe premier ou producteur est donc ou peut être simultanément centre *habituel* et centre *actuel*. Tel est le cas du cercle.

Admettons, maintenant, un Foyer qui ne produise plus, mais seulement éveille, excite ou promeuve, à l'instar d'un homme qui prend l'initiative d'une chose, trace une direction, ouvre une route, montre la voie. Cette fois, le Foyer ne produisant plus, mais pourtant dirigeant, est encore un foyer réel d'action ou foyer relatif ; mais il n'est plus centre absolu radical, il est seulement centre *formel* ou bien rétrospectif pour la pensée qui chercherait à remonter à l'origine des actes ; et le vrai centre absolu, radical, est ou peut être à côté de lui comme *substratum* ou pivot immanent de ses actes. Tels sont le centre et le foyer dans l'ellipse.

Soit, en troisième lieu, le Foyer non plus producteur ou principe premier, ni directeur ou principe secondaire, mais simple auxiliaire ou propulseur ou ressort, à l'instar d'un homme qui donne de l'élan, ranime la confiance, inspire du courage, enflamme, enhardit. Le foyer, ainsi très-indirectement actif, n'est pas sans doute incapable d'être regardé comme le centre de tous les efforts tentés sous son inspiration ; mais a-t-il une place fixe en aucun des points des séries d'êtres ou d'actes réels réalisés, soit au commencement, soit à la fin, soit même entre ces deux extrêmes ? Non, évidemment. S'il est centre, il n'est donc que centre *virtuel*. Tel est le centre dans la parabole.

Admettons, enfin, que le Foyer d'action, au lieu de s'employer à *produire*, *diriger*, *animer*, ne s'emploie qu'à *combattre* les principes présupposés auteurs de ces divers effets, c'est-à-dire d'être, de forme ou de vertu. Ne subsistant ou ne vivant que de négation, ce dernier Foyer, qui ne vise jamais à rien de positif, fût-ce même en idée, n'a point par là-même, en lui ni devant lui, de centre *réel* ou *formel* ou *virtuel* dans lequel il puisse déposer ses désirs, ses espérances, ses vœux, ou reposer ses esprits; et c'est seulement par manière ou voie de répulsion, et comme derrière lui, qu'il peut trouver un point de ralliement à ses actes. Mais, alors, le centre en est essentiellement négatif, imaginaire, impossible, et ne représente rien de plus ni de moins que le néant. Tel est le centre de l'hyperbole.

11. Un Être positif, n'importe à quel degré, se centralise donc toujours en qualité de Principe premier comme le Soleil, ou de Principe secondaire comme la Terre, ou de simple satellite comme la Lune ; un Être négatif ne se centralise, au contraire, qu'en sens inverse, ou bien se décentralise incessamment comme les comètes, dont la course vagabonde à travers les cieux n'a point d'autre guide ou règle que les aveugles inspirations de la passion ou du caprice. Quelles

que soient, cependant, la suite et la clarté de cette explication analytique, peut-être ne sera-t-il pas inutile d'en essayer encore l'application à quelques phénomènes naturels ; et nous reviendrons, à cette occasion, sur la lumière. Cet agent est, en effet, capable d'apparaître sous la forme des quatre centralités circulaire, elliptique, parabolique et hyperbolique.

Pour être témoin de l'apparition de la lumière sous forme *circulaire*, on prend une lame de spath parallèle d'une épaisseur de $3^{mm},5$; on la place sur la tablette de l'appareil de Norremberg, à 45° d'orientation axiale, et l'on tourne le nicol ; la lumière apparaît alors circulaire, parce que, dans un tour entier de polariscope, elle ne varie jamais en intensité ni coloration ; ce qui prouve bien qu'elle n'a qu'un axe réel, comme le Cercle.

Les expériences de la lumière *elliptique* ont été déjà décrites, quand (§ 9) nous avons parlé de deux lumières apparaissant seules dans un tour entier du polariscope (seulement, pour les mieux observer sous cette face, il faudrait remplacer le quartz perpendiculaire par un quartz parallèle) ;

mais, là, nous n'avons pas dit pourquoi la lumière se nomme alors elliptique : réparons actuellement cette omission. Là, la lumière est elliptique, parce que, dans sa double coloration, elle accuse deux amplitudes ou deux jets, ou, pour mieux dire encore, deux *axes* (en longueur *inégaux*, en importance *subordonnés*) rectangulaires. Une ellipse diffère, en effet, notoirement du cercle, parce que, le cercle n'ayant qu'un axe réel, elle en a deux. Or la lumière accuse ici deux élongations différentes. Elle est donc elliptique.

Le cas de la parabole demande un peu plus de réflexion pour être compris. On sera peut-être étonné de nous le voir reconnaître dans le phénomène de la polarisation rotatoire, décrit § 9, et cependant c'est bien là son siège. En effet, si deux couleurs disparates réunies dans un arc de 180° accusent la présence de deux axes, trois couleurs disparates réunies dans un seul quadrant, ou (ce qui est la même chose) six couleurs disparates réunies dans une demi-circonférence deux à deux, accusent naturellement la présence de trois ellipses disposées comme en éventail, avec centre commun. Mais que peut être alors cette communauté de centre entre des vibrations régies par des lois toutes différentes en amplitude ou vitesse, et seulement réunies par hasard ou du dehors autour d'un même point, comme le sont les pétales opposés d'une corolle autour du centre de la fleur? Une coïncidence fortuite ne fait pas loi ; la concentration n'est donc point *réelle* ni même *actuelle*, mais seulement *virtuelle* pour des termes reliés entre eux par un simple lien *extérieur*. Or, où la concentration n'est que *virtuelle*, c'est-à-dire *irrationnelle* et par suite impliquant un écart infini réel, elle est, pour l'appeler de son vrai nom, parabolique. Donc la polarisation rotatoire répond au cas de la Parabole.

Le phénomène de l'hyperbole ne s'obtient point, comme les précédents, par voie d'interprétation, mais s'offre immédiatement aux yeux. Il suffit, pour le produire, de placer sur le miroir inférieur de l'appareil de Norremberg un quartz 1/4 d'onde, *v. g.*, à **45°** d'orientation axiale, et de disposer convenablement la lentille sur le trajet des rayons ; car aussitôt on voit les hyperboles se dessiner parfaitement en étendant de part et d'autre leurs branches dans les deux plans principaux. Il n'est point aussi facile d'expliquer ce curieux phénomène que de le réaliser; nous ne le croyons pas néanmoins inexplicable[1]. Partant de ce point que les deux lumières *O* et *E* ont leurs plans respectifs de *polarisation* là où elles s'éteignent, on enseigne et doit enseigner qu'elles l'ont, chacune, dans le plan de *vibration* de l'autre, ou bien la lumière *O*, de *0°* à *180°*, et la lumière *E*, de *90°* à *270°*. Admettons, alors, que l'effet de l'orientation de l'axe principal de la lame de quartz à + 45° soit (ce dont on peut juger par la *distinction* et la *direction* des couleurs centrales) d'entraîner les *vibrations* des deux lumières, l'une (*O*), à — 45°, et l'autre (*E*), à + 45° : subissant ce déplacement, les

[1] Les physiciens expliquent en général les *hyperboles* au moyen des *interférences*; mais quand il s'agit d'entrer dans les détails, tous (par exemple M. Daguin, IV, 577) ne croient pas pouvoir le faire. M. Billot est moins réservé; prompt à construire la formule mathématique propre à représenter le phénomène, il dit ensuite équivalemment (I, 479): « Les hyperboles sont calculées ; donc elles sont expliquées. » Est-ce sérieux ?

deux lumières *s'étalent*, entre les plans primitifs, autour de l'*axe* cristallin ou de la *direction* conjuguée, comme elles le feraient pivotant autour d'un bord mince. Mais, pivotant sur un bord mince *rectiligne*, les bandes lumineuses seraient aussi *rectilignes* ; et présentement elles sont, au contraire, *hyperboliques par un effet de l'interposition de la lentille*, dont la convergence détermine, au centre de figure, un afflux abondant de lumière crucialement polarisée, tout d'abord lente à s'infléchir ou courber dans les quatre quadrants limités par les bras des deux plans principaux, mais ne tardant pas néanmoins (comme il convient à tous cas de vitesses *diversement variées*) à les flanquer asymptotiquement d'étroites bandes indéfinies.

12. Maintenant la lumière est, comme parle l'Apôtre (Éphés. V, 13), ce qui manifeste tout : et, suivant l'Écriture encore (Gen. I, 3), elle fut le premier Agent créé de Dieu pour présider à la formation des autres êtres. S'il est alors vrai de dire, comme nous l'avons prétendu, que l'œuvre de l'activité radicale et créatrice se ter-

mine *modalement* aux quatre centralités, circulaire, elliptique, parabolique et hyperbolique, cette fin formelle de son exercice réel en doit être comme le revêtement extérieur ou la partie la plus apparente, que rien ne vient après coup recouvrir pour le soustraire à nos égards. C'est donc sous l'image de Centralité que tout nous doit apparaître. Mais la première détermination de ce concept est, avons-nous dit, celle de centre *habituel* et *actuel* tout ensemble, et par conséquent *réel* à tous égards, comme, par exemple, le Père dans la famille, le Souverain dans l'État, le Soleil dans le système solaire, etc. Le premier règne est donc caractérisé par la Centralité *réelle*. Après cette première apparition, quelle pourrait être la seconde, moindre d'un degré, sinon celle de foyer simplement foyer, faisant suite et pendant au centre devenu de son côté simplement habituel, et par là-même moins réel que le foyer centre primitif, ou pure Centralité *formelle*? Or cette nouvelle sorte d'apparition éclate dans tout ce qui fait centre en sous-ordre ou ne fonctionne exclusivement qu'à titre de foyer, comme la Femme dans la famille, le Ministre dans l'État, la Terre dans le système solaire, etc. Donc le second règne est caractérisé par la Centralité *formelle*. Mais tous les êtres qui ne sont pas centres réels ne sont pas toujours, à titre de foyer même, centres formels; car il y en a qui ne sont qu'ingrédients de foyers, comme, par exemple, l'Enfant dans la famille, le Sujet dans l'État, la Lune dans le système solaire, etc. Donc, après les centralités précédentes, nous pouvons et devons en reconnaître une troisième correspondante au troisième règne, dont l'épithète caractéristique sera celle de *virtuelle*, comme ayant toute sa fin en autrui, jamais en soi. Cependant, cette troisième centralité, déjà si faible qu'on a peine à la saisir, peut s'amoindrir encore davantage en se réduisant absolument à rien. En sont là tous les êtres exclusivement objectifs de fait ou de droit (nous disons ceci, pensant aux esprits anarchistes), qui n'ont ou ne sauraient jamais avoir de forme à soi, comme par exemple l'eau qui se gèle, la vapeur qui se dissipe, la comète qui s'étale, etc. Donc, après les trois centralités précédentes, il en existe encore une quatrième et dernière, et c'est la centralité radicalement *nulle*, constitutive des êtres du quatrième et dernier règne naturel.

Ainsi, la nature, comprenant quatre centralités spéciales, comprend également quatre grandes classes ou *règnes* d'Êtres, qui sont, par ordre décroissant des centralités *réelle, formelle, virtuelle* et *nulle*, les quatre règnes *cristallin, végétal, animal* et *matériel*, ces règnes étant d'ailleurs définis par les Centralités mêmes dont ils sont le théâtre.

13. Peut-être, en rangeant tout à l'heure le règne *animal* au-dessous du *végétal* et si près du *matériel*, le dernier de tous les règnes, avons-nous surpris et choqué même plus d'un lecteur habitué d'avance à voir dans le règne animal le chef-d'œuvre de la création. Mais cet étonnement, s'il existe, ne peut avoir d'autre raison d'être qu'une fausse notion des rapports mutuels ou des sujets respectifs des quatre règnes.

Si, d'abord, on tient à placer le règne animal au premier rang, c'est évidemment parce que, envisagé dans son corps ou ses caractères physiques, l'homme s'y trouve compris ; mais quelques traits de ressemblance physique peuvent-ils être une raison suffisante d'assimiler l'homme aux animaux ? L'homme, ressemblant à l'animal, n'est pas plus animal que la personne dont on aurait peint le portrait ne serait identifiable à son image peinte. En lui-même ou dans son fonds, l'homme est tout à fait en dehors ou au-dessus de l'animalité, car il est Esprit. On ne saurait nier, il est vrai, que les animaux ne soient, eux-mêmes, dirigés de loin ou de haut par un foyer quelconque (sensible, intellectuel ou spirituel, peu importe); mais, d'influence à essence, il y a loin et si loin que, séparant en eux les forces dont ils n'ont pas conscience d'eux-mêmes, on ne peut s'empêcher de les considérer comme de simples organismes automatiques ou de vrais mannequins. Des êtres sans réciprocité d'action et de passion avec leurs causes dirigeantes sont nécessairement inconscients et par là-même machinaux; et dès-lors que les animaux ne sont pas autre chose, il est donc souverainement déraisonnable de vouloir, pour de prétendues facultés d'intelligence ou de sensibilité qu'ils n'ont pas, les ranger non au-dessous mais au-dessus des végétaux et des cristaux, image plus pure du suprasensible.

Reconnaissant que les animaux n'ont ni l'admirable régularité des cristaux, ni le port majestueux des végétaux, on pourrait cependant vouloir encore, pour leur perfection relative organique, les conserver au premier rang ; mais la question, ainsi posée, ne serait plus qu'une question de mots. Car, quand dans l'établissement de notre échelle descendante des cristaux aux végétaux et des végétaux aux animaux, aurions-nous par hasard eu l'air d'insinuer que l'abaissement — dans un certain ordre d'idées — d'une classe d'êtres au-dessous d'une autre ne peut être accompagné — dans un autre ordre d'idées et pour la même classe — d'un relèvement compensateur ? Revenons un moment ici sur nos idées fondamentales en cette matière, et rappelons-nous que les êtres naturels sont comparables entre eux, comme formes ou comme forces, par leurs extensions ou leurs intensités. Or est-il nécessaire qu'un être, supérieur à un autre par la forme, lui soit aussi toujours supérieur en force, ou réciproquement ? Non, évidemment. Donc leurs avantages ou désavantages respectifs sont toujours compensables. Ainsi, l'animal est assurément, par son organisation, supérieur au végétal, comme le végétal au cristal; mais, d'un autre côté, le cristal l'emporte généralement par la durée sur le végétal, comme le végétal sur l'animal. Car on ne connaît point, par exemple, d'animal qui puisse se flatter de vivre 4 ou 5 mille ans comme le baobab ; et l'on assignerait difficilement un végétal vivant dont l'existence remonte, comme celle d'une foule de cristaux enfouis au sein de la terre, à l'origine même du monde. Donc, en plaçant les Règnes de la Nature dans l'ordre indiqué, nous n'avons, si l'on veut, établi notre échelle que pour un point de vue particulier, celui des Centralités ; mais ce point de vue méritait bien ici la préférence, puisqu'il est celui qui met spécialement en relief la supériorité de puissance de l'immanent sur le variable ou de l'esprit sur le corps; c'est pourquoi notre classification demeure éminemment rationnelle.

Les règnes une fois classés, nous devons maintenant les étudier à part et en assigner les embranchements respectifs, et c'est aussi ce que nous allons faire.

14. Le premier règne dans l'ordre des Centralités est, avons-nous dit, le règne *cristallin*. De même que, envisageant tous les êtres au point de vue des Centralités, nous les avons trouvés naguère réductibles en quatre classes figurables par la série décroissante des symboles $1^3, 1^2, 1^1, 1^0$, nous trouvons ici, par la même raison, le règne cristallin divisible en quatre embranchements comprenant tous des êtres à centre réel, d'une part, mais aussi, d'autre part, des êtres soumis à la même loi de décroissement $1^3, 1^2, 1^1, 1^0$. Comparés aux êtres des autres Règnes, tous les êtres du règne cristallin sont sans contredit à centre *réel*; mais là, les êtres du 1er embranchement, intrinsèquement envisagés, restent seuls à centre réel *absolu*; les êtres du 2e embranchement descendent au rang de centralité *formelle*, comme ceux des 3e et 4e embranchements au rang des centralités *virtuelle* ou *nulle*. En effet, quoique toujours réelle *au fond* ou par état *habituel*, la Centralité prend *de fait* ou par détermination successive *actuelle*, chez les cristaux, les quatre caractères relatifs que nous venons d'indiquer. On n'a, pour met-

tre ce point en évidence, qu'à désigner les cristaux, suivant l'embranchement auquel ils appartiennent, par des noms correspondants à ces quatre caractères; ces noms sont ceux de cristaux *cubique*, *quadratique*, *singulier* ou *nul*.

Les cristaux *cubiques*, dans lesquels toutes les forces sont égales et se balancent, ont, en *principe* et de *fait* tout à la fois, trois axes égaux et rectangulaires, et sont comme *uni-tri-axes* par conséquent.

Les cristaux *quadratiques*, chez lesquels la force *formelle* externe prime la force *virtuelle* interne, ou réciproquement, ont, en *principe*, trois axes égaux et rectangulaires, mais, de *fait*, deux seuls axes égaux sur trois, comme d'abord ne jouant ensemble, à côté du 3ᵉ *principal*, qu'un rôle *secondaire*, mais puis jouant ce rôle avec la même perfection, à l'instar, par exemple, de l'homme et de la femme dans la famille modèle[1], ou des deux axes de moindre développement dans l'ellipsoïde de *révolution*, et sont

---

[1] Nous rapportons à ce type l'être *hermaphrodite*, comme offrant deux formels en un réel.

ainsi comme *uni-bi-axes*, ou, pour revenir à la commune manière de parler, *uni-axes*.

Les cristaux *singuliers*, chez lesquels les forces *formelle* et *virtuelle* s'équilibrent quand elles ne se priment pas, ont toujours en *principe* trois axes égaux et rectangulaires, mais, de *fait*, trois axes inégaux sur trois, deux d'entre eux s'arrogeant cette fois à côté du 3ᵉ *secondaire* le rôle *principal*, mais ne se l'arrogeant qu'alternativement, à l'instar, par exemple, de deux lignes qui se couperaient en parties réciproquement proportionnelles; mais peut-être sont-ils encore mieux comparables aux deux personnalités Père et Fils dans la famille, dont les fonctions sont inverses [1] (à moins qu'on ne préfère recourir à la comparaison d'un ellipsoïde *non de révolution*, à trois axes inégaux pris deux à deux, dont les avantages ou désavantages respectifs ne sont jamais, en un moment donné, simultanément compensés ni compensables), et par conséquent, en quelque sorte, *deux* fois *uni-axes* ou *biaxes* parfaits.

[1] Nous rapportons à ce troisième type les êtres *androgynes*, comme nous offrant deux réels en un formel.

Les cristaux *nuls* sont les corps solides qui, malgré l'*implicite* présence habituelle de trois axes égaux et rectangulaires, n'ont *de fait*, et pour entière insubordination respective, aucune direction axiale à soi, lors même qu'ils en offriraient fortuitement et par importation du dehors quelque teinte.

Ici, ce qu'on peut juger de prime abord difficilement admissible, c'est la coexistence de deux ordres d'axes : les uns *habituels*, toujours égaux et rectangulaires ; les autres *actuels* et d'amplitude ou d'inclinaison quelconque. On admettra cependant sans difficulté le premier point, si l'on veut bien considérer, en premier lieu, qu'il n'y a point de corps solide possible sans les trois dimensions de l'étendue, qu'on n'a pas de raison de ne pas réputer de *prime abord* égales en tout et rectangulaires. Puis, autant tous les corps sont formés sur un type commun, autant ils sont évidemment diversifiables en eux-mêmes ; mais le principe de diversification s'introduit nécessairement en affectant les forces mêmes qui leur donnent naissance ; et ces forces résident ou *dans* les axes ou *entre* eux. Si elles résident dans les axes, les variations en sont alors des différences d'amplitude ; si elles résident entre les axes, elles équivalent à des vues d'ensemble rejetant la résultante de leurs concours du côté le plus fort, et, dans tous les cas, l'existence d'axes *actuels* et *résultants* (non primitifs) demeure incontestable. Notre doctrine sur la manière de concevoir l'origine des cristaux se justifie donc également en tous points, avant même que l'expérience la confirme par la distinction obligée des axes *optiques* et *cristallins*.

Les rapports entre les axes *cristallographiques* et les axes *optiques* nous semblent dépendre de ceux entre les deux forces *intellectuelle* et *spirituelle* qui concourent séparément à les former, comme nous l'exposerons ailleurs. Laissant ici de côté cette question encore obscure et réservée, veut-on seulement savoir comment il est possible que tous les cristaux soient d'abord constitués sur un même type, et puis constitués sur plusieurs types distincts : on doit remonter à l'idée de *Foyer*, et, dans cette idée même, s'attacher à la seule d'entre les trois espèces de foyers qui répond à la question présente. Cette espèce particulière de

Foyer, génératrice des cristaux, n'est ni le Foyer-*principe*, ni le Foyer-*fin*, mais le Foyer-*moyen*. En effet, leur production implique avant elle *Matière* et *Forme*; leur cause immédiate, voulant passer en acte, n'a donc nul besoin de chercher à se procurer ni l'une ni l'autre de ces choses, et son unique affaire est de les *fondre* ensemble. Aussi, du premier coup obtient-elle un entier effet, *et* les cristaux apparaissent produits tout d'une pièce. Tel est, par exemple, en eux le *Tout*, telle est la *partie*, tel le *noyau*, leur *élément* respectif, et le même Esprit plane ainsi sur tout, en gros et en détail. Là, l'Esprit étant universel, on conçoit donc immédiatement comment le Centre et les Axes peuvent être eux-mêmes universels. Il appartient aux Esprits de n'avoir point de siège fixe exclusif; chez les cristaux, tout apparaît inclusif ou général : les cristaux sont donc l'œuvre spéciale de l'Esprit ou du troisième terme des Foyers.

Notre division des cristaux ne détruit point, mais modifie seulement celle admise dans la Science. Car, des six classes reconnues, nous en retenons *une* sous la dénomination usitée (les cristaux *cubiques*); nous en rassemblons *deux* autres (les cristaux *prismatiques carrés*, et les *rhomboédriques*[1]) sous le titre commun de *quadratiques*; et nous réunissons enfin les *trois* dernières (les cristaux *prismatiques droits à base rectangulaire, obliques à base rectangulaire, obliques à base de parallélogramme obliquangle*) dans notre troisième embranchement de cristaux dits *singuliers*, après lesquels il ne reste qu'à tenir compte des corps *bruts*, totalement oubliés dans la nomenclature des physiciens.

S'agit-il, après cela, de passer aux sous-divisions du Règne cristallin : nous pourrions commencer par faire observer et prouver qu'on n'est guère plus avancé dans la connaissance des états internes des cristaux que dans celle de l'intérieur de l'Afrique ou des régions polaires; mais, au lieu d'insister sur la question ainsi réduite, nous l'agrandirons plutôt, et nous exposerons à cette occasion l'immense différence qui sépare entre elles

---

[1] L'existence d'un axe *principal* chez les cristaux est aussi bien indiquée par leurs *propriétés optiques* que par leur *forme extérieure*; et les deux moyens *optiques* de le constater, qui sont la *polarisation* et la *dilatation inégale*, ne font pas défaut aux Rhomboèdres.

la *fausse* science et la **vraie** science, chose que personne ne nous paraît avoir tentée jusqu'à ce jour, bien qu'on l'ait entrevue lorsqu'on a dit: *Vera scientia est per causas scire.* La *fausse* science (*inanem fallaciam* de l'Apôtre, Col. II, 8) est la science indéfinie ou infinie, qui ne connaît pas de terme à ses divisions ou sous-divisions incessantes : telle est la science empirique jugeant *à posteriori* des objets par leurs caractères externes. La *vraie* science (*Scientiam veritatis*, 2 Tim., III, 7) est la science excessivement réduite ou finie, qui, par deux ou trois divisions rationnelles et fondamentales, explique tout ou trouve réponse à tout. Et, pour justifier immédiatement ces deux définitions, nous reviendrons volontiers sur un point capital à peine effleuré dans le n° 1 de ces Études, quand, parlant des incertitudes ou difficultés adjointes à toute classification plus avancée des formes cristallines, nous avons dit qu'il fallait en demander la résolution aux autres règnes. Le sens de ce renvoi, le voici : toutes choses peuvent être envisagées *empiriquement* ou *rationnellement*. Les envisager *empiriquement*, c'est les considérer comme une *somme*. Ainsi, 10 empiriquement envisagé est la somme de 5+5, ou de 4+6, ou de 3+7, etc.; et là-dessus on ne saurait donc être jamais édifié complétement. Au contraire, envisager une chose *rationnellement*, c'est la considérer comme un *produit*. Ainsi, *10* considéré sous cet aspect est le produit de 5 par 2, et ne peut être autre chose; ici donc la réponse à la question : Qu'est *10?* est définitive. Autre exemple : D'où provient, demandera quelqu'un montrant de l'*orangé*, cette couleur ? Vient-elle par hasard d'une réunion de jaune et de rouge, ou de jaune et de vert d'une part, et de rouge et de violet de l'autre, etc. ? Impossible de rien affirmer sur ce mode d'origine, car mille couleurs peuvent intervenir à titre d'ingrédients pour composer de l'orangé. Changeons alors de point de vue ; de l'idée de *somme* passons à celle de *produit*, et pour cela voyons de découvrir par quelle voie potentielle la couleur orangée perçue se sera produite. De suite, prenant en main un nicol ou une loupe dichroscopique, nous serons à même de nous édifier complétement et définitivement sur l'origine *actuelle* de cette couleur, car ces appareils nous apprendront avec une absolue certitude si elle est circulaire, elliptique, parabolique ou hyperbolique. Ici, chose singulière! la science infinie est celle qui se trouve en défaut, ou le pire ; et la science finie est celle qui aboutit, ou la meilleure. C'est aussi la science divine, qui ne tâtonne jamais. On a cette science quand on peut ou sait par la pensée remonter en un clin d'œil aux causes. La science empirique ne manque point à Dieu, mais il l'a d'inspection, en raison de l'excessive finesse de sa sensibilité qui lui permet d'analyser instantanément les ingrédients des composés les plus divers ; mais cette connaissance d'inspection ne lui apprendrait rien sur l'origine des mêmes composés, s'il n'avait concurremment la connaissance de *rétrospection*, par laquelle il peut remonter, incessamment et subitement encore, des faits les plus compliqués à leurs causes.

Après cela, l'on ne sera donc pas surpris de nous voir arrêter ici brusquement la nomenclature des classes cristallines, car notre affaire est de classer rationnellement, et non empiriquement, les Êtres de la nature.

15. Après les cristaux, nous avons placé les végétaux.

Comme les cristaux sont une manifestation immédiate de l'Esprit ou des Esprits, les végétaux sont une manifestation immédiate de la Fin ou des Fins. Expliquons-nous. Un Centre réel est à la fois, avons-nous dit (§ 10), centre et foyer : il est centre en lui-même ; il est foyer par les termes qu'il émet et qui montrent simultanément sa puissance productive et sa force expansive. Chacun des termes émis par lui, considéré seul ou séparément, est privé de la puissance productive ou créatrice ; mais il reste capable de la puissance expansive et directrice ou transmissive. Supposons-en un de cette classe mieux doté que les autres de cette dernière puissance : ce terme relativement supérieur sera pour lors *fin* par rapport à son auteur, mais il sera *principe* de mouvement par rapport aux termes à lui subordonnés, ou bien *foyer*. Maintenant, au lieu d'un seul Foyer semblable, admettons-en plusieurs, plus ou moins capables de rivaliser avec le précédent en produits formels : tous ces termes plus ou moins puissants seront à la fois *principes* de systèmes d'organisation et de mouvement, et nous pourrons donner à tous leurs produits le nom d'organisations végétantes ou végétales. L'ensemble des mêmes produits sera donc le règne végétal.

Mais ce nouveau règne, il faut le diviser : comment faire? Rien de plus facile. Nous avons déjà, sous la rubrique générale de Foyer, trois foyers spéciaux : le Sens, l'Intellect et l'Esprit. Ici, d'après ce que nous venons de dire, le premier Foyer est l'*Intellect*, ou, ce qu'on appelle en langage religieux (infiniment avantageux en ce moment pour nous, par sa précision), le Fils, qui procède du Père *seul*. Après le Père et le Fils vient ensuite l'Esprit, procédant, Lui, de *deux* auteurs, qui sont le Père et le Fils. Enfin, après l'Esprit, si nous recommençons (et nous pouvons bien recommencer, car après le Sens interne peut venir le Sens externe), nous avons le Sens externe continuant le nombre des agents ou Foyers possibles ; et dans ce cas, le dernier foyer paru procède de *trois* auteurs, qui sont le Sens interne, le Fils et l'Esprit. Après cela, plus rien, car le Sens externe ne peut produire que des variations de formes ou de forces, non de vraies formes ou forces absolues personnelles. Or, pour désigner le premier Foyer réel issu du Père seul, quelle dénomination plus convenable pourrions-nous imaginer que celle de *monocotylédone* ? De même, pour désigner, soit l'Esprit issu du Père et du Fils, soit la créature issue des trois principes relatifs, Père, Fils, Esprit, quels noms pourrions-nous trouver mieux assortis que ceux de *dycotylédone* ou de *polycotylédone* ? Enfin, quelle dénomination conviendrait mieux que celle d'*acotylédone*, aux derniers des êtres dépourvus de principe assignable ou tirés du néant, et pures apparences par conséquent ?... Voilà donc qu'ici nous nous trouvons immédiatement en parfait accord avec l'enseignement commun, pour le fond et la forme. Non-seulement la science empirique admet avec nous le même nombre d'embranchements en botanique, elle les désigne encore par les mêmes caractères tirés de la notion de Foyer ; et la seule chose que nous pouvons dire, qu'elle n'a pas comprise, c'est la nécessité de ranger à la fin de la nomenclature la classe des végétaux acotylédones, dont l'apparition est, non (comme on semble le croire [1]) le premier, mais le dernier échelon de la vitalité.

L'accord parfait sur la nature et le nombre des embranchements se maintiendra-t-il, maintenant, en passant aux sous-divisions ? Nous n'avons à cet égard pas plus de désaccord à craindre que d'accord à montrer, car nous dirons ici ce que nous disions naguère (§ 14) à l'égard des *sous-divisions* possibles du règne cristallin : la science *rationnelle* n'en connaît point de telles. De même que les particularités du règne cristallin, rationnellement envisagées, s'expliquent ou doivent s'expliquer par les généralités du règne végétal, les particularités du règne végétal, rationnellement envisagées encore, s'expliquent ou doivent s'expliquer à leur tour par les généralités du règne cristallin, sinon par celles du règne animal. La science *rationnelle* délaisse toujours les questions de *fait* pour remonter à celles de *cause*, et c'est pour cela qu'elle est universelle. Qu'un homme agisse, par exemple, d'une cer-

---

[1] Adrien de Jussieu; *Botanique*, §§ 522, 523. J.-J. Virey; *Philosophie de l'histoire naturelle*, liv. III, cap. II, p. 245, etc.

taine manière : si l'on nous demande alors le motif *absolu* de son action, c'est-à-dire si l'on nous demande de dire, à la seule inspection de l'acte, si son auteur l'a fait étant Pierre ou Paul, Grec ou Turc, Nègre ou Blanc, etc., nous pourrions être en peine de répondre catégoriquement sans de plus ou moins longues recherches; et quand toutes ces recherches, souvent infructueuses, aboutiraient, elles ne nous apprendraient guère rien au-delà de cette vérité : que l'acte en question est un acte humain. Au point de vue rationnel, c'est tout autre chose. Ici, la question est de savoir indiquer ou de trouver le mobile de l'acte, afin de pouvoir dire si c'est un acte *moral, logique, physique,* et par suite quel être *spirituel, intelligent* ou *sensible* l'a produit. Or, cela peut se faire en un clin d'œil, et, quand on l'a fait, l'acte est expliqué dans toutes ses circonstances, parce que du même coup l'on a pénétré toute la nature de la cause.

16. En opposition aux deux règnes *végétal* et *cristallin* divisés par leurs degrés respectifs de *composition croissante* ou *décroissante*, le

règne *animal* distingué par la *mobilité* se divise en quatre classes d'animaux (*vertébrés, articulés et mollusques, rayonnés, animalcules*). Ayant déjà traité ce sujet dans le n° 9 de ces Études, nous nous contenterons d'ajouter ici que le caractère spécial des animaux, ou mieux, de la forme animale, est d'être une immédiate manifestation du premier terme des Foyers ou du *principe sensible*. N'est-ce pas là le sens de cette parole de J.-C à Philippe : *Qui videt me, videt et Patrem* (Joan. XIV, 9)? Un homme qui tient une vérité semble déjà les tenir toutes.

17. Le quatrième et dernier règne, ou le règne *matériel*, qui comprend dans son ressort tous les Êtres dépourvus de Centralité *réelle* à un degré quelconque, n'a point d'embranchements, et cela nous semble évident. Un Être sans forme *à soi* n'a point de forme. C'est ainsi, par exemple, que, tout en admettant des *intervalles* ou des *silences* ou des *vides* plus ou moins pressés, longs, rares, fréquents, rapides, profonds, etc., on ne regarde pas plus pour cela ces nullités comme siège des formes ou qualités exprimées par ces diverses

épithètes ; et, si l'on ne laisse point de concevoir le néant ainsi déterminé, ce n'est point directement en lui-même, mais en l'Être intercepté par lui, qu'on cherche la raison de ses déterminations, toutes imaginaires ou négatives.

Admettons cependant, pour un moment, qu'il y ait une science du phénomène comme phénomène: cette science sera la géologie. Pour ceux qui s'occupent de cette science, il existe un double problème à résoudre, l'un relatif à l'espace, et l'autre relatif au temps. Dans l'espace, par exemple, la matière est distribuée par stratifications concordantes ou discordantes, et cette distribution est l'effet de forces alternativement actives et inactives. La matière qui *subit* l'effet de ces forces n'en est pas par là-même le principe. Où se trouve alors la première raison d'être de ses divers états ? Elle est, nous répondront ici les géologues, par exemple, dans le calorique envahissant la matière et l'abandonnant tour à tour. Mais le calorique allant et venant ainsi tour à tour du vide dans la matière, ou de la matière dans le vide, n'est-il pas lui-même passif dans cette transformation d'exercice alors évidemment dépendante encore d'un principe supérieur? Donc, le calorique ne pouvant jouer le rôle de premier principe, le géologue est obligé de remonter plus haut, indéfiniment, ou bien sa science est, au point de vue de l'espace, radicalement nulle. Au point de vue du temps, même embarras et même échec. Suivant la géologie, les époques de la nature physique correspondent forcément aux phases mêmes d'invasion ou de dissémination des forces calorifiques ; mais des époques correspondantes à des phases d'envahissement ou de délaissement absolus antérieurs au dernier avénement de notre globe terrestre ne seraient évidemment d'aucune utilité pour l'explication de l'état actuel de ses couches; pour s'en rendre raison, il faut donc s'en tenir exclusivement au dernier cas d'envahissement et de délaissement de la Terre par le calorique. Or, que savons-nous de sûr et de positif sur ce point? Ce que nous savons de sûr et de positif là-dessus, c'est que, envahissant ou délaissant la matière livrée à son action, le calorique procède constamment par mouvement *hyperbolique*, à la façon d'un corps qui brûle ou d'un feu qui s'éteint : après quelques instants, tous les changements possibles sont sensiblement accomplis ; et l'on n'a point là le spectacle d'une révolution qui se perpétue comme l'apparente révolution annuelle du soleil, mais celui d'un fait transitoire excessivement court, comme le passage des comètes au périhélie. Mais alors, il n'y a plus d'époques, il n'y a plus que des instants, peut-être quelques jours ; et ce n'est point par la durée du temps qu'on peut espérer d'expliquer les faits accomplis. Cependant c'est bien ainsi que les géologues modernes entendent expliquer la formation des couches terrestres. Donc leur constante ressource est le recours à l'imaginaire, à l'impossible, en place et lieu de la vraie causalité ; leur imagination les entraînant toujours à substituer aux vraies causes spirituelles, sinon matérielles, des *débuts* interminables aussi longs que des *fins*, ou des *principes* accidentels qui ne sont jamais que des *moyens*.

La raison de cette incessante fascination de l'esprit de l'homme par l'imaginaire serait-elle par hasard difficile à connaître ? Nullement ; tout cet égarement de la science a pour cause une erreur fondamentale : la croyance en la *réalité* de la matière. La croyant réelle, on la croit capable de quelque chose. Mais alors, inversement, en supposant qu'elle n'est rien, elle ne peut rien. Il importe donc souverainement de démontrer que, au lieu d'être une réalité, la matière est une pure *apparence sensible*, un phénomène sans fond, un vrai néant ; et pour établir ce point, nous consignerons ici, sous forme d'adieux au lecteur, les réflexions suivantes qui nous semblent devoir emporter la conviction.

18. Nous avons assez souvent dit et redit que, à nos yeux, l'*Être* est l'*Activité*, pour nous croire dispensé de donner là-dessus la moindre explication. De là, nous conclurons immédiatement que le *Néant* est l'*Inactivité*. Mais, dans l'inactivité, la négation s'attache à l'Activité même et ne peut s'en séparer, sinon, une notion serait une chose en l'air et sans sujet !... Le néant n'est donc pas séparable de l'Être. Qu'on veuille bien être attentif à nos paroles : nous ne disons pas *distinct*, mais *séparable*. Par suite, le néant se distingue, par la pensée, de l'Être, mais ne s'en sépare pas. Dieu contient donc originairement en

lui-même le néant, mais il le contient comme distinct de lui-même. Cela posé, venons à l'Être, et nous aurons bientôt compris qu'il ne se matérialise que par affaissement, stagnation, impuissance.

L'Être a des activités spéciales, car que serait une Activité *générale* sans activités **spéciales ?** Ces activités spéciales sont l'intelligence, la sensibilité, la bonté morale. Considérons ces activités spéciales une à une, ou plutôt leur négation. L'*aveuglement*, par exemple, qu'est-il, sinon un néant par rapport à l'intelligence ? Et, de même, l'*insensibilité*, qu'est-elle, sinon un néant par rapport à la sensibilité ? La *malice*, enfin, qu'est-elle, à son tour, sinon un néant devant la bonté morale ?... Maintenant, en Dieu, l'Être des Êtres ou l'Activité radicale, il y a coexistence éternelle des trois activités spéciales ou relatives, l'intelligence, la sensibilité, la bonté morale ; mais ces trois facultés n'y sont pas appliquées, exercées au même degré. L'intelligence, non moins satisfaite d'imaginarités que de réalités, s'y livre d'abord en plein et sans inconvénient à son imagination ; et nous pouvons admettre que de son côté l'Esprit, source morale infinie de bonnes intentions, ne reste pas en arrière. Mais le Sens, au contraire, se prête-t-il originairement, éternellement au moindre exercice qui pourrait ternir, affaiblir son excessive délicatesse ou pureté? Non, sans doute. Alors, tandis que l'Intelligence et la Bonté morale s'appliquent sans limites ou sont réellement infinies, le Sens radical, essentiellement nul en actes, n'est infini qu'en puissance. Donc, alors, tandis qu'il n'y a point de néant pour l'Intellect divin, et qu'il n'y en a pas davantage pour l'Esprit divin, il y a un néant infini pour le Sens divin ; et ce néant-là, c'est l'absence totale d'impressions sensibles, de représentations sensibles, de mouvements sensibles. Ainsi, le néant coexiste éternellement avec Dieu, non par l'Intellect ni par l'Esprit, mais par le Sens. En Dieu, point d'aveuglement, point d'insensibilité, point d'immoralité ; mais, en Dieu aussi, point de sensations, point de visions, point de variations réelles externes. Ce dernier néant est un néant de fait, un néant d'actes sensibles. Ce néant existant originairement en Dieu n'est point un vice inhérent à son être, une sorte de chancre destructeur, mais au contraire une condition essentielle de conservation, de grâce et de bonté. Cet état primitif est alors, toutefois, une simple propriété du Sens, puisque le seul Sens inactif en profite. Il est donc possible que, par exemple, l'Intellect, tout répandu jusqu'à cette heure au dehors, sous forme extensive infinie, demande à son tour à manifester, au moins temporellement, sa puissance, en produisant dans l'état physique et variable du Sens divin ou du Père quelques changements capables de révéler au dehors et de fait ses propres talents ou conceptions si longtemps stériles. Le Sens divin ou le Père, cédant alors à ses instances soutenues par l'Esprit, et consentant à devenir d'inactif actif, diminue par là-même le néant dont il était escorté tout à l'heure, en se peuplant d'*êtres* ou d'*actes absolus* sensibles nouvellement éclos dans son sein. Mais, plus le Père agit ainsi pour peupler son sein infiniment dilatable d'*Activités contingentes*, plus il restreint le libre exercice originaire de l'intelligence radicale ; plus il prépare aussi d'épreuves à la Bonté morale de l'Esprit éternel. Car les *Activités créées* n'ont, par devers elles, qu'un champ restreint et prédéterminé d'exercice, et peuvent trouver, dans leurs conflits multipliés, une occasion de se méprendre, de se combattre et de se repousser. Il est vrai que, tout autant que leurs rapports ne sont point volontaires ni réfléchis, la Nature divine, institutrice de ces rapports, doit trouver un moyen de les adoucir ou faire tourner à bien, comme si jamais ils n'avaient fourni chance de mal; mais il en doit être autrement si les *Activités contingentes* s'obstinent dans leurs propres conceptions et s'y fixent absolument. Alors, leurs méprises devenant des erreurs volontaires, et leurs erreurs volontaires devenant des fautes ineffaçables, le mal s'incarne en elles par l'*aveuglement* qui les frappe ou par la *perversité* qui les corrompt. Et que sont en elles ces deux défauts ? Ce sont deux *néants* relatifs, à savoir : un néant d'intelligence, le même que nous qualifiions d'*aveuglement*, et un néant de bonté morale, le même que nous nommions tout à l'heure *malice*. Ainsi dégradées, *anéanties* même en quelque sorte dans les deux tiers de leur être, les Activités contingentes, avariées, restent cependant des Êtres sensibles ;

elles ne sont pas néant par la sensibilité qui n'est pas éteinte. Si leur sensibilité s'éteignait, l'état du monde serait, par rapport à elles, comme si le Père n'eût jamais rien créé ; mais le Sens divin est — comme le Sens humain, comme tout Sens réel, — un Sens que rien ne touche sans l'émouvoir, que rien ne blesse sans faire cicatrice, qui ne perd rien sans ressentir le vide postérieur, mais qui sait aussi souffrir quelques coups d'épingle ou de lancette pour maintenir ou rétablir une parfaite régularité dans le cours de la circulation générale, et tout rapporter à la beauté de l'ensemble ou au bien général. Le Père éternel n'anéantit donc rien de ce qu'il a fait ou voulu *pour lui-même* ; mais les Activités dépravées ou les Êtres pervertis qui, *pour leur part*, ont choisi le règne de la *négation* ou du *néant*, il les y laisse bien volontiers désormais subsister comme dans un vrai *néant*, non plus *distinct*, mais *personnel*, à l'instar, par exemple, d'un homme non moins insensé qu'aveugle, et resté seulement assez conscient de lui-même pour ressentir, avec l'insatiable besoin de chaleur, de lumière et de vie, son entière incapacité d'y satisfaire.

TABLE DES MATIÈRES

	§§
Avant-propos	
Science subjective.......................	1
Notions habituelles.......................	2
Méthodes *imaginaire* et *réelle*; discontinuité et continuité absolues........................	5
Méthode *moyenne*; discontinuité et continuité relatives. Points singuliers. Modules......	6
Classification des Êtres fondée sur la nature, l'ordre et le fonctionnement de leurs *facteurs* naturels, mais surtout des *foyers*..........	8
Rôle antérieur ou *réel* des foyers............	9
Rôle postérieur ou *formel* des foyers.........	10
Division des Êtres en quatre règnes.........	12
1ᵉʳ règne : la *cristallinité*...................	14
2ᵐᵉ règne : la *végétalité*....................	15
3ᵐᵉ règne : l'*animalité*.....................	16
4ᵐᵉ règne : la *matérialité*..................	17
Idée des Êtres *négatifs*.....................	18

FIN DE LA TABLE

ERRATA DU N° 9

Pag. 34, lig. 8, au lieu de : ces,   lisez : ses.
— 43, — 7,   —   transforme,   transporte.
— 61, — 1,   —   unis,   — ens.
— 64, — 10,   —   composé   — composée.

www.ingramcontent.com/pod-product-compliance
Lightning Source LLC
LaVergne TN
LVHW052108090426
835512LV00035B/1320